Frédéric Berqué

Espumas & mousses

Photographies de Jean Bono et Julie Mechali
Stylisme d'Emmanuel Renault et Isabelle Guerre

Le contenu de cet ouvrage a été publié dans *Espumas, chantilly & Cie*, dans la collection « Toquades » de First.

ISBN : 978-2-7540-3102-8
Dépôt légal : juin 2011
Imprimé en Italie
Photos © Jean Bono (excepté pages 11, 13, 15, 23, 27 et couverture : © Julie Mechali)
Direction éditoriale : Aurélie Starckmann
Édition : Eugénie Rambaud
Conception graphique : Istria
Pictogramme © Pascale Etchecopar

Éditions First-Gründ
60, rue Mazarine
75006 Paris – France
e-mail : firstinfo@efirst.com
Site internet : www.editionsfirst.fr

Introduction

Envie de légèreté dans votre cuisine ? Les mousses, les émulsions et les sauces moussantes sont légion, mais leur réalisation n'est pas toujours aisée. Heureusement, un outil formidable permet de remédier à ce problème : le siphon.
Conçu pour la confection de la crème Chantilly, son utilisation est d'une grande simplicité : avant toute chose, passez au tamis votre préparation soigneusement mixée. Remplissez le siphon, fermez-le, puis vissez une cartouche de gaz. Secouez énergiquement et laissez reposer 1 à 3 heures au réfrigérateur. Secouez une dernière fois. Pressez doucement le levier ou la douille du siphon pour laisser s'échapper l'espuma ou la mousse. Servez aussitôt.

Voici quelques précautions d'usage à respecter pour éviter les mauvaises surprises.

- Goûtez puis filtrez systématiquement toutes vos préparations avant de les verser dans le siphon.
- Fermez correctement votre siphon avant d'y injecter le gaz pour éviter les fuites.
- Déposez votre siphon, à plat, au réfrigérateur.
- Secouez toujours le siphon avant de vous en servir pour bien répartir le gaz.
- Un siphon de 0,5 l convient largement pour des recettes de 4 ou 6 personnes.
- Si une recette nécessite deux cartouches, retirez la première avant de visser la seconde.
- Ne versez jamais une préparation bouillante dans un siphon qui n'est pas prévu à cet effet (problème de joint).
- N'hésitez pas à utiliser le siphon directement à table, l'effet est garanti.
- Dégustez sans attendre : les espumas et les mousses retombent peu à peu.

Dans ce livre vous trouverez des recettes de chantillys sucrées, salées et aromatisées, des mousses de légumes, des mousses de fruits... Essayer la cuisine siphonnée, c'est l'adopter !

Mousse de concombre à la grecque

bon marché • trés facile à réaliser • préparation : 25 min • réfrigération : 2 h • pour 4 personn

4 verres 1 mixeur - 1 tamis

1 siphon de 0,5 l

1 cartouche de gaz

- 1/2 concombre
- 8 tomates cerises
- quelques olives noires et vertes dénoyautées
- quelques dés de feta
- 2 c. à s. d'huile d'olive
- 1 c. à s. de vinaigre de vin
- sel • poivre • basilic

Pour la mousse :

- 1/2 concombre (150 g)
- 15 cl de crème liquide
- 1 yaourt nature
- 1 c. à s. d'huile d'olive
- 1 petite gousse d'ail
- 3 feuilles de menthe
- 1/2 citron
- sel • poivre

1 Épluchez le concombre. Fendez-le en 2. Détaillez-en la moitié en petits dés et l'autre en gros cubes.

2 Déposez, dans le bol du mixeur, les cubes de concombre avec la crème, le yaourt, l'huile d'olive, la gousse d'ail, la menthe, le jus d'un demi-citron et le sel. Mixez et passez au tamis si nécessaire. Versez le tout dans le siphon. Vissez 1 cartouche de gaz. Réservez au frais pendant 2 heures.

3 Répartissez dans 4 verres les dés de concombre et de feta avec les tomates cerises coupées en quartiers et les olives grossièrement concassées. Assaisonnez avec un filet d'huile d'olive, un filet de vinaigre, du sel, du poivre et du basilic haché.

4 Agitez le siphon et répartissez la mousse dans les verres. Servez aussitôt.

Huîtres tièdes aux pommes

coût élevé • assez facile à réaliser • préparation : 20 min • cuisson : 20 min • pour 4 personne

4 assiettes - 1 mixeur
2 casseroles - 1 poêle
1 siphon pour préparations chaudes
1 cartouche de gaz
1 tamis

- 12 huîtres creuses
- 3 pommes • 1/2 citron
- 30 g de beurre
- 30 g de sucre
- cerfeuil

Pour l'émulsion :

- 10 cl de crème liquide
- 2 c. à c. de calvados
- 1 c. à s. d'huile
- sel

1 Épluchez les pommes, citronnez-les et détaillez-les en très petits cubes réguliers. Faites-les sauter rapidement, dans une poêle, avec le beurre bien chaud. Saupoudrez de sucre. Laissez à peine caraméliser. Débarrassez la moitié des cubes de pommes dans un bol. Laissez bien compoter le reste avec un peu d'eau et de sucre.

2 Ouvrez les huîtres, dégagez-les de leur coquille. Rincez-les à l'eau froide et réservez-les au frais. Filtrez et réservez l'équivalent de 10 cl de jus d'huîtres. Gardez 12 coquilles creuses.

3 Dans une casserole, portez les huîtres à la limite de l'ébullition avec le jus filtré. Sortez aussitôt les huîtres cuites et réservez-les. Dans une autre casserole, versez la crème liquide, le calvados, les pommes compotées et une pincée de sel fin. Faites frémir et mixez le tout. Passez cette crème bouillante au tamis fin et versez-la dans le siphon. Vissez 1 cartouche de gaz, agitez et réservez le siphon à température ambiante.

4 Dans chaque coquille d'huître, déposez 1 huître tiède et quelques dés de pommes sautés. Agitez le siphon et complétez les coquilles avec l'émulsion au calvados.

Cappuccino de la mer à l'anis

coût moyen • facile à réaliser • préparation : 25 min • cuisson : 20 min • pour 6 personnes

6 tasses à café - 3 casseroles
1 siphon de 0,5 l
1 cartouche de gaz

- 10 noix de Saint-Jacques
- 300 g de moules de bouchot
- 3 échalotes
- 30 cl de vin blanc sec
- 400 g de bisque de homard en conserve
- 1 c. à s. de cognac
- 10 cl de crème liquide
- 1 petit pot d'œufs de lump rouges
- poivre du moulin

Pour la chantilly anisée :
- 25 cl de crème liquide
- 1 trait de pastis
- 1 pincée de sel

1 Grattez et lavez les moules. Déposez-les dans une casserole avec 10 cl de vin blanc et 1 échalote émincée. Faites cuire à feu vif et à couvert pendant 5 à 6 minutes. Décoquillez les moules. Filtrez et réservez le jus de cuisson. Pour la chantilly, versez la crème liquide dans un siphon avec le pastis et le sel. Vissez 1 cartouche de gaz. Stockez le siphon bien à plat au réfrigérateur.

2 Faites frémir, dans une casserole, 20 cl de vin blanc avec 2 échalotes finement émincées. Déposez les noix de Saint-Jacques dans le vin bouillant et laissez cuire 30 secondes. Égouttez-les et coupez-les en 2 ou en 4, mélangez-les avec les moules décoquillées. Filtrez et réservez le jus de cuisson.

3 Portez le jus de cuisson des moules et des saint-jacques à ébullition. Incorporez la bisque, le cognac et la crème liquide. Faites frémir à nouveau. Poivrez généreusement.

4 Dressez la bisque bouillante avec les fruits de mer dans les tasses. Déposez une belle rosace de chantilly anisée. Décorez avec les œufs de lump rouges.

Verrines de concombre à la mousse de tarama

coût moyen • facile à réaliser • préparation : 20 min • réfrigération : 1 h • pour 4 personnes

4 verrines - 2 saladiers
1 siphon de 0,5 l
1 cartouche de gaz
1 tamis fin

- 1 petit concombre
- 1 c. à s. de moutarde à l'ancienne
- 1 c. à s. d'huile d'olive
- 1/2 citron vert
- 80 g de dés de feta
- quelques feuilles de menthe
- 1 petit bocal d'œufs de lump rouges
- sel

Pour la mousse :

- 80 g de tarama
- 15 cl de crème liquide
- 1 c. à s. d'huile d'olive
- 1/2 citron
- sel

1 Épluchez le concombre et détaillez-le en petits dés réguliers. Mélangez-les dans un saladier avec l'huile d'olive, la moutarde, le jus du citron vert, quelques feuilles de menthe hachée et du sel fin. Ajoutez quelques petits dés de feta. Laissez reposer 1 heure au frais.

2 Dans un saladier, versez le tarama avec la crème liquide, l'huile d'olive, quelques gouttes de jus de citron et une pincée de sel fin. Mélangez en fouettant et passez cette crème au tamis fin. Versez le tout dans un siphon. Vissez 1 cartouche de gaz et secouez bien. Conservez le siphon dans le réfrigérateur.

3 Répartissez les concombres préalablement égouttés à mi-hauteur des verrines. Ajoutez une petite couche d'œufs de lump rouges.

4 Secouez bien le siphon. Complétez délicatement les verrines avec la mousse de tarama. Servez aussitôt.

Crevettes sautées basquaise et mousse de lait à l'armagnac

coût élevé • facile à réaliser • préparation : 20 min • cuisson : 25 min • pour 4 personnes

4 mini-cocottes
1 cocotte - 1 casserole
1 siphon de 0,5 l pour préparations chaudes
1 cartouche de gaz

- 350 g de crevettes moyennes décortiquées
- 1 poivron rouge
- 1 poivron vert
- 1 oignon
- 10 cl de coulis de tomates
- 3 c. à s. d'huile d'olive
- 1 gousse d'ail
- 20 g de beurre
- sel
- piment d'Espelette

Pour la mousse :

- 10 cl de lait entier
- 10 cl de crème liquide
- 2 c. à s. d'armagnac
- 1 c. à s. d'huile • sel

1 Détaillez les poivrons en petits dés. Hachez l'ail et l'oignon. Dans une cocotte, faites revenir l'oignon haché puis les dés de poivron dans 2 cuillerées à soupe d'huile d'olive bien chaude. Ajoutez l'ail, le coulis de tomates et l'assaisonnement. Laissez cuire cette garniture basquaise tout doucement pendant 10 à 15 minutes et à couvert.

2 Dans une petite casserole, faites frémir le lait avec la crème, l'armagnac, l'huile et le sel fin. Versez le tout bien bouillant dans un siphon. Vissez 1 cartouche de gaz. Secouez bien. Conservez le siphon à température ambiante.

3 Laissez fondre une noisette de beurre et un filet d'huile d'olive dans une casserole. Faites revenir rapidement les crevettes dans cette matière grasse chaude avec une pincée de sel et de piment d'Espelette. Répartissez la garniture basquaise, puis les crevettes bien chaudes dans les mini-cocottes.

4 Secouez bien le siphon. Complétez les cocottes avec la mousse de lait à l'armagnac sur au moins une hauteur de 2 cm. Servez aussitôt.

Avocat, crabe et mousse de céleri

coût élevé • facile à réaliser • préparation : 35 min • cuisson : 10 min • réfrigération : 2 h • pour 4 personnes

4 verres - 1 casserole - 1 saladier

1 mixeur - 1 tamis

1 siphon de 0,5 l

1 cartouche de gaz

- 3 avocats
- 1/2 citron
- 120 g de chair de crabe
- 2 c. à s. de mayonnaise
- 1 petit-suisse • sel
- 1 c. à s. de fines herbes hachées
- 1 petit pot d'œufs de lump rouges
- 4 pluches de cerfeuil

Pour la mousse :

- 150 g de céleri râpé
- 10 cl de lait
- 15 cl de crème liquide
- le jus d'1 citron
- 2 c. à s. de mayonnaise
- 1 c. à c. de moutarde
- 1 c. à s. d'huile d'olive
- sel de céleri

1 Plongez le céleri dans l'eau bouillante salée pendant 10 minutes. Égouttez-le et pressez-le. Laissez refroidir. Mixez ensemble le céleri, le lait, la crème, la mayonnaise, l'huile d'olive et le jus de citron. Rectifiez l'assaisonnement avec du sel de céleri. Passez cette crème au tamis, puis versez-la dans le siphon. Vissez 1 cartouche de gaz. Réservez au frais pendant 2 heures.

2 Dans un petit saladier, mélangez la chair de crabe émiettée avec la mayonnaise, le petit-suisse, les fines herbes, le jus de citron et le sel fin. Réservez au frais. Détaillez la chair des avocats en petits dés réguliers.

3 Répartissez les dés d'avocats dans les verres. Ajoutez une couche de crabe puis une fine couche d'œufs de lump rouges.

4 Agitez le siphon, puis dressez la mousse de céleri dans les verres. Décorez avec une pluche de cerfeuil.

Mousse d'asperges vertes et tortillons au gruyère

coût moyen • facile à réaliser • préparation : 30 min • cuisson : 25 min • réfrigération : 2 h • pour 4 personnes

4 verres - 1 casserole
1 mixeur - 1 tamis
1 siphon de 0,5 l
1 cartouche de gaz
1 plaque à pâtisserie

- 250 g de pâte feuilletée préétalée
- 1 jaune d'œuf
- 100 g de gruyère râpé

Pour la mousse :
- 16 asperges vertes
- 20 cl de crème liquide
- 1 feuille de gélatine
- 1 c. à c. de moutarde
- 1 c. à s. d'huile d'olive
- sel

1 Épluchez soigneusement les asperges. Gardez-en 4 pour la décoration. Découpez les autres en 3. Trempez la feuille de gélatine dans un grand volume d'eau froide.

2 Plongez les asperges dans l'eau bouillante salée pendant 10 minutes. Diluez la gélatine essorée avec 5 cl d'eau de cuisso des asperges. Égouttez les asperges, réservez les 4 entières. Mixez ensemble les asperges découpées encore tièdes et la gélatine diluée. Ajoutez la crème liquide, l'huile d'olive et la moutarde. Mixez, puis rectifiez l'assaisonnement. Passez cette crème au tamis, puis versez-la dans le siphon. Vissez 1 cartouche de gaz. Réservez au frais pendant 2 heures.

3 Badigeonnez la pâte feuilletée de jaune d'œuf mélangé avec un peu d'eau. Répartissez dessus le gruyère et faites-l adhérer à la pâte avec le bout des doigts. Découpez des bandes de pâte de 12 cm de long sur 1 cm de large. Vrillez-les, puis déposez-les sur une plaque à pâtisserie recouverte de papier sulfurisé. Faites cuire les tortillons dans un four préchauffé à 210 °C (th. 7) pendant 10 minute

4 Agitez le siphon, puis dressez la mousse d'asperges dans les verres. Déposez une asperge entière dans chaque verr Accompagnez les verres avec les tortillons au gruyère.

Gaufres de pommes de terre, mousse de saumon fumé

coût moyen • assez facile à réaliser • préparation : 25 min • réfrigération : 1 h • cuisson : 15 mi
pour 4 personnes

1 mixeur - 1 saladier
1 gaufrier - 1 tamis
1 siphon de 0,5 l
1 cartouche de gaz

- 4 tranches de saumon fumé
- 4 pommes de terre (700 g)
- 2 œufs
- 1 jaune d'œuf
- 60 g de crème fraîche épaisse
- 2 c. à s. de persil haché
- muscade
- sel • poivre

Pour la mousse :

- 80 g de saumon fumé
- 30 cl de crème liquide
- 1/2 citron

1 Mixez le saumon fumé avec la crème liquide bien froide et le jus d'un demi-citron. Passez au tamis. Versez cette crème dans le siphon. Vissez 1 cartouche de gaz et laissez refroidir pendant 1 heure au réfrigérateur.

2 Épluchez et râpez les pommes de terre. Déposez-les aussitôt dans un saladier. Ajoutez les œufs, le jaune, la crème, le persil haché et l'assaisonnement. Mélangez et réservez quelques instants.

3 Chauffez le gaufrier. Répartissez soigneusement avec une fourchette la moitié des pommes de terre (soit 2 gaufres). Laissez cuire au moins 5 minutes. Sortez les gaufres. Recommencez l'opération pour l'autre moitié des pommes de terre sans utiliser le jus qui reste au fond du saladier.

4 Dressez les gaufres dans les assiettes. Déposez par-dessus une tranche de saumon fumé pliée en forme de vague. Agitez le siphon. Décorez avec la mousse de saumon et de l'aneth.

Velouté de carottes à l'espuma d'orange coco

bon marché • facile à réaliser • préparation : 15 min • cuisson : 30 min • pour 4 personnes

4 tasses
1 casserole - 1 zesteur
1 mixeur
1 siphon de 0,5 l
1 cartouche de gaz

- 600 g de carottes
- 20 g de beurre
- 1 oignon
- 1 orange bio
- 50 cl de bouillon de volaille
- 5 cl de lait
- 10 cl de crème liquide
- 4 pluches de cerfeuil
- sel

Pour l'espuma :

- 10 cl de crème liquide
- 7 cl de lait de coco non sucré
- 1 c. à s. de Grand Marnier®
- 1/2 orange
- 1 c. à s. d'huile • sel

1 Épluchez les carottes et l'oignon, émincez-les très finement. Dans une casserole, faites fondre le beurre. Ajoutez l'oignon émincé et laissez-le suer pendant 2 à 3 minutes. Ajoutez les carottes. Laissez-les suer de nouveau. Mouillez avec le bouillon de volaille et le lait. Portez le tout à ébullition et laissez frémir à couvert pendant 25 minutes.

2 Mélangez dans un saladier tous les ingrédients de l'espuma. Passez dans un tamis, puis versez le tout dans le siphon. Vissez 1 cartouche de gaz. Stockez le siphon, à plat, au réfrigérateur.

3 Vérifiez la cuisson des carottes en les goûtant. Ajoutez la crème liquide, puis le zeste et le jus de l'orange bio dans la soupe. Mixez. Rectifiez l'assaisonnement avec du sel et la consistance avec un peu de lait. Faites frémir à nouveau ce velouté.

4 Répartissez le velouté de carottes bien chaud dans les tasses. Agitez le siphon et complétez les tasses avec l'espuma orange coco. Décorez avec une pluche de cerfeuil et servez aussitôt.

Papillote de merlan au basilic, sauce hollandaise siphonnée

coût moyen • assez facile à réaliser • préparation : 35 min • cuisson : 12 min • pour 4 personne

4 assiettes - 1 casserole
1 plaque à pâtisserie
1 siphon de 0,5 l pour préparations chaudes
2 cartouches de gaz

- 4 filets de merlan
- 1 oignon rouge
- 1 tomate
- 1 citron • 1 citron vert
- 8 crevettes bouquet
- 4 branches de thym
- 1 petit bouquet de basilic
- 4 cl d'huile d'olive
- 8 cl de vin blanc
- sel • poivre

Pour la sauce hollandaise :

- 125 g de beurre
- 1/2 citron • 1 œuf
- 1 jaune d'œuf
- sel • piment

1 Détaillez l'oignon rouge en fines rondelles. Coupez la tomate et le citron vert en quartiers. Pressez le jus du citron jaune. Découpez 4 feuilles d'aluminium (40 x 30 cm). Badigeonnez-les à l'huile d'olive. Déposez les filets de merlan enroulés sur eux-mêmes. Ajoutez un quartier de tomate, un quartier de citron vert, de l'oignon rouge, 2 crevettes, 1 branche de thym et du basilic. Terminez la préparation en versant un peu de vin blanc et du jus de citron. Assaisonnez. Refermez bien la feuille d'aluminium.

2 Placez délicatement les papillotes sur une plaque à pâtisserie. Laissez cuire 10 à 12 minutes dans un four préchauffé à 200 °C (th. 6/7). La papillote est cuite lorsque vous entendez le jus de cuisson frémir.

3 Faites fondre tout doucement le beurre au bain-marie avec le jus de citron. Hors du feu ajoutez le jaune, l'œuf entier, le sel et le piment. Fouettez rapidement. Versez la sauce dans le siphon. Vissez 2 cartouches de gaz. Gardez le siphon au bain-marie sans jamais faire bouillir. Servez les papillotes, à la sortie du four, accompagnées de la sauce hollandaise.

Verrines de truite fumée, mousse de chèvre et roquette

coût moyen • facile à réaliser • préparation : 25 min • réfrigération : 30 min • pour 4 personn

4 verrines
1 saladier - 1 mixeur
1 siphon de 0,5 l
1 cartouche de gaz

- 4 tranches de truite fumée
- 50 g de cerneaux de noix concassés
- 1 poignée de roquette
- graines de pavot

Pour la mousse :

- 20 cl de crème liquide
- 100 g de chèvre frais
- 2 c. à s. de lait
- 1 c. à s. d'huile d'olive
- sel • piment d'Espelette

1 Émincez les tranches de truite en fines lanières. Dans les verrines, jusqu'à mi-hauteur, répartissez quelques feuilles de roquette, les lanières de truite et les noix.

2 Dans un saladier, assouplissez le fromage de chèvre avec une fourchette. Versez par-dessus la crème liquide bien froide, l'huile d'olive, le lait, le sel et le piment. Mélangez rapidement et mixez le tout jusqu'à l'obtention d'une crème lisse.

3 Versez cette crème dans le siphon. Vissez 1 cartouche de gaz. Laissez reposer le siphon, à plat, au réfrigérateur pendant 30 minutes.

4 Agitez le siphon. Complétez les verrines avec la mousse de chèvre. Décorez avec une pincée de graines de pavot.

truc de cuisinier

Ne tassez pas les lanières de truite sur la roquette. Vos verrines seront plus jolies.

Chutney d'abricots et mousse de foie gras

coût élevé • facile à réaliser • préparation : 25 min • cuisson : 20 min • réfrigération : 24 h • pour 4 personnes

4 verres - 1 casserole
1 bol - 1 mixeur
1 siphon de 0,5 l
1 cartouche de gaz

- 12 abricots
- 4 pruneaux
- 4 figues sèches
- 1 orange
- 2 c. à s. de raisins secs
- 4 cl de vinaigre de Xérès
- 6 cl de vin rouge
- 30 g de sucre • 1 citron
- 1 c. à c. de cannelle
- 1 pincée de piment
- 1 pincée de gingembre

Pour la mousse :

- 100 g de foie gras de canard mi-cuit
- 12 cl de crème liquide
- sel • poivre • cerfeuil
- pain d'épices ou spéculoos

1 Portez à ébullition le vinaigre, le vin rouge et le sucre. Détaillez les abricots et les fruits secs en petits dés. Lavez puis prélevez le zeste des agrumes. Versez tous les fruits dans la réduction. Ajoutez la cannelle, le zeste d'orange et de citron, la pincée de piment et la pincée de gingembre.

2 Laissez cuire, à feu doux, jusqu'à l'obtention d'une confiture assez épaisse. Débarrassez le chutney dans un bol. Réservez au frais au moins 24 heures.

3 Découpez le foie gras en gros dés. Mixez-le avec la crème liquide, une pincée de sel et de poivre. Versez dans le siphon. Vissez 1 cartouche de gaz. Réservez au frais pendant 1 heure.

4 Répartissez le chutney au fond des verres. Agitez le siphon et déposez une belle rosace de mousse de foie gras. Décorez avec des pluches de cerfeuil et des miettes de pain d'épices ou de spéculoos.

Petits moelleux au chocolat et mousse caramel

coût moyen • facile à réaliser • préparation : 30 min • réfrigération : 2 h • cuisson : 10 à 12 min
pour 4 personnes (12 pièces)

2 casseroles

2 saladiers

1 moule en plastique souple de 12 petits fours

1 siphon de 0,5 l

1 cartouche de gaz

- 80 g de chocolat noir
- 70 g de beurre
- 80 g de sucre
- 2 œufs
- 40 g de farine

Pour la mousse :
- 10 cl de crème liquide
- 100 g de mascarpone
- 6 bâtons de caramel
- 1 jaune d'œuf

1 Faites frémir la crème dans une petite casserole. Ajoutez les bâtons de caramel et laissez fondre. Mélangez le mascarpone et la crème au caramel refroidie. Lissez bien avec un fouet. Dans un siphon, versez cette crème au caramel. Vissez 1 cartouche. Agitez et laissez reposer au moins 2 heures au réfrigérateur.

2 Faites fondre le chocolat et le beurre au bain-marie. Dans un saladier, blanchissez les œufs et le sucre. Incorporez la farine, puis le mélange beurre et chocolat fondu. Lissez rapidement avec un fouet.

3 Versez cette pâte, aux 3/4, dans les petits moules préalablement beurrés. Laissez cuire dans un four à 180 °C (th. 6) pendant 10 à 12 minutes. Laissez tiédir 1 minute, puis démoulez les petits moelleux. Réservez au frais.

4 Agitez fortement le siphon. Dressez une belle rosace de mousse au caramel sur chaque petit moelleux.

truc de cuisinier

Réduisez un peu le temps de cuisson des moelleux : mi-cuits, ils sont encore meilleurs.

Cornets craquants à l'ananas

coût peu élevé • assez facile à réaliser • préparation : 12 à 15 min • réfrigération : 2 h • cuisson : 5 min • pour 4 personnes

4 assiettes
2 casseroles
1 siphon de 0,5 l
1 cartouche de gaz

- 2 feuilles de brick rondes
- 30 g de beurre fondu
- 1 c. à s. de sucre glace
- 1 c. à s. de pavot
- 4 tranches d'ananas frais
- 2 c. à s. de cassonade
- quelques feuilles de menthe
- 10 cl de coulis de framboises

Pour l'espuma :
- 25 cl de jus d'ananas
- 1 c. à s. de sucre
- 2 feuilles de gélatine
- 2 traits de rhum
- 10 cl de crème liquide

1 Badigeonnez les feuilles de brick avec le beurre fondu. Saupoudrez de sucre glace et de pavot. Coupez les feuilles en 2. Enroulez-les de manière à obtenir 4 cônes. Maintenez-les avec un cure-dents. Faites cuire les cônes 12 à 15 minutes dans un four à 190 °C (th. 6). Laissez refroidir.

2 Faites ramollir les feuilles de gélatine dans de l'eau froide. Dans une casserole, portez à la limite de l'ébullition le jus d'ananas avec le sucre et le rhum. Ajoutez la gélatine essorée. Mélangez bien. Laissez tiédir, puis ajoutez la crème. Versez la préparation dans le siphon. Vissez 1 cartouche de gaz. Laissez refroidir au moins 2 heures au frais à plat.

3 Taillez les tranches d'ananas frais en très petits dés et faites-les mariner au frais quelques minutes avec la cassonade et des feuilles de menthe hachées.

4 Agitez le siphon, puis garnissez les cornets avec l'espuma d'ananas. Déposez-les dans les assiettes. Décorez avec une ligne de dés d'ananas marinés, un trait de coulis de framboises et une feuille de menthe.

Crème d'oranges sanguines, brioche et mousse à la cannelle

coût moyen • facile à réaliser • préparation : 35 min • cuisson : 5 min • réfrigération : 1 h • pour 4 personnes

4 verres
1 casserole
1 fouet
1 siphon de 0,5 l
1 cartouche de gaz

- 6 oranges sanguines
- 1 c. à s. de fécule de maïs
- 2 œufs • 120 g de sucre
- 50 g de beurre
- 4 tranches de brioche

Pour la mousse :

- 20 cl de crème liquide
- 80 g de fromage blanc à 40 %
- 1 c. à c. de sucre glace
- 1 c. à c. de cannelle

1 Pelez à vif 2 oranges et prélevez les suprêmes. Pressez le jus d'une 3e orange. Détaillez 4 ronds épais de brioche de même diamètre que les verres. Déposez-les au fond des verres, ajoutez les suprêmes d'orange. Versez le jus pour imbiber les brioches. Réservez au frais.

2 Lavez soigneusement 3 oranges. Prélevez le jus et le zeste. Versez le tout dans une petite casserole avec la fécule de maïs, les œufs et le sucre. Fouettez à la main ou au fouet électrique. Ajoutez le beurre en morceaux. Faites cuire cette crème à feu doux, en la remuant constamment jusqu'à ce qu'elle épaississe. Versez la crème d'oranges dans les verres et laissez bien refroidir.

3 Mélangez la crème liquide bien froide avec le fromage blanc, le sucre glace et la cannelle. Versez cette crème dans un siphon. Vissez 1 cartouche de gaz. Laissez reposer au frais pendant 1 heure. Agitez le siphon. Terminez les verres avec la mousse de cannelle.

Riz au lait en espuma de melon

bon marché • assez facile à réaliser • préparation : 30 min • cuisson : 25 min • réfrigération : 3 h • pour 4 personnes

4 verres - 2 casseroles
1 saladier - 1 mixeur
1 tamis
1 cuillère à melon
1 siphon de 0,5 l
2 cartouches de gaz

- 70 g de riz
- 40 g de sucre
- 40 cl de lait entier
- 1 c. à c. de Cointreau
- 1 jaune d'œuf
- 15 cl de crème liquide
- 1 c. à c. de sucre glace
- 1 melon de Cavaillon
- 2 fruits de la passion

Pour l'espuma :

- 1 gros melon de Cavaillon
- 1 c. à s. de sirop de canne
- 2 feuilles de gélatine
- 10 cl de crème liquide

1 Déposez le riz dans une casserole et mouillez-le à hauteur d'eau froide. Portez le tout à ébullition pendant 1 minute. Rafraîchissez le riz à l'eau courante, puis égouttez-le.

2 Faites bouillir le lait avec le Cointreau et 40 g de sucre. Ajoutez le riz en pluie et remuez-le jusqu'à la reprise de l'ébullition. Laissez cuire tout doucement pendant 20 minutes en remuant de temps en temps. Ajoutez le jaune d'œuf et mélangez bien. Mettez le riz au frais pendant 30 minutes. Fouettez la crème liquide avec le sucre glace. Incorporez-la délicatement dans le riz au lait. Garnissez les verres aux 2/3.

3 Dans un grand volume d'eau, faites ramollir les feuilles de gélatine. Faites bouillir 8 cl d'eau avec le sirop de canne. Ajoutez la gélatine essorée, mélangez et réservez. Mixez 350 g de chair de melon. Ajoutez le sirop et la crème. Mélangez de nouveau, passez l'ensemble au tamis. Versez dans un siphon. Vissez 2 cartouches de gaz. Laissez reposer au frais pendant 3 heures.

4 Dans le second melon, prélevez des billes. Récupérez la pulpe des fruits de la passion. Répartissez-la avec les billes dans les verres. Agitez le siphon et complétez avec l'espuma de melon.

Mousse au café, poire et chocolat

coût moyen • facile à réaliser • préparation : 20 min • réfrigération : 1 h • cuisson : 3 min • pour 4 personnes

4 verres
1 casserole - 1 saladier
1 siphon de 0,5 l
1 cartouche de gaz

- 4 poires williams
- 100 g de chocolat noir
- quelques grains de café chocolatés
- quelques tuiles aux amandes

Pour la mousse :

- 30 cl de crème liquide
- 5 cl de sirop de canne
- quelques gouttes d'extrait de café
- 1 c. à s. de Bailey's®

1 Mélangez dans un saladier la crème liquide avec le sirop de canne, quelques gouttes d'extrait de café et le Bailey's®. Versez dans un siphon. Vissez 1 cartouche et réservez au frais.

2 Épluchez les poires. Coupez-les en 2 ou en 4 selon leur taille et celle des verres. Supprimez le cœur.

3 Dans une casserole et au bain-marie, faites fondre tout doucement 100 g de chocolat noir. Ajoutez 8 cl d'eau tiède. Fouettez pour lisser la sauce chocolat.

4 Collez 1 ou 2 morceaux de poire contre la paroi du verre. Versez un peu de sauce chocolat au fond. Agitez légèrement le siphon. Répartissez la mousse au café dans les verres. Décorez avec les grains de café chocolatés. Servez aussitôt avec quelques tuiles aux amandes.

truc de cuisinier

Si les poires sont trop dures, faites-les cuire quelques minutes dans un sirop peu sucré.

Espuma de banane caramélisée

coût peu élevé • trés facile à réaliser • préparation : 15 min • réfrigération : 2 h • cuisson : 5 min • pour 4 personnes

4 tasses transparentes
1 poêle - 1 casserole
1 mixeur - 1 tamis
1 siphon de 0,5 l
1 cartouche de gaz

- 4 bananes
- 3 c. à s. de cassonade
- 40 g de beurre
- 2 c. à s. de rhum brun
- 20 cl de lait
- 2 feuilles de gélatine
- 10 cl de crème liquide
- 4 boules de glace chocolat ou rhum/raisin
- quelques cacahuètes caramélisées

1 Épluchez les bananes, fendez-les en 2, puis coupez-les encore en 2. Dans la poêle, faites mousser 40 g de beurre. Déposez les morceaux de banane, saupoudrez de sucre cassonade et laissez caraméliser légèrement des deux côtés. Arrosez de rhum. Réservez 8 beaux morceaux de banane pour le décor.

2 Faites tiédir le lait, ajoutez la gélatine préalablement ramollie et essorée. Ajoutez la banane flambée, puis la crème et le jus de cuisson. Mixez soigneusement, passez au tamis. Versez cette crème de banane dans un siphon. Vissez 1 cartouche de gaz. Laissez refroidir pendant au moins 2 heures au réfrigérateur.

3 Dans une tasse, déposez une boule de glace, puis placez 2 morceaux de banane caramélisée contre la paroi. Agitez le siphon, puis terminez de remplir le verre avec l'espuma de banane caramélisée. Décorez avec des cacahuètes caramélisées.

truc de cuisinier

Faites tiédir le lait au four micro-ondes, ajoutez la gélatine et mixez tous les ingrédients directement dans le bol du mixeur.

Crème au chocolat et mousse à la menthe

coût moyen • assez facile à réaliser • préparation : 25 min • réfrigération : 2 h • cuisson : 5 min • pour 4 personnes

4 verres - 2 casseroles
1 saladier - 1 tamis
1 siphon de 0,5 l
1 cartouche de gaz

- 1 feuille de gélatine
- 15 cl de lait
- 10 cl de crème liquide
- 2 jaunes d'œufs
- 30 g de sucre
- 120 g de chocolat noir
- feuilles de menthe

Pour la mousse :

- 20 cl de crème liquide
- 3 feuilles de menthe
- 1 c. à s. de sirop de menthe
- 1 c. à s. de sirop de canne

1 Faites frémir, dans une casserole, 15 cl de lait avec 10 cl de crème. Fouettez les 2 jaunes d'œufs avec le sucre, puis versez le lait bouillant dessus. Faites cuire de nouveau cette crème 1 à 2 minutes, jusqu'à ce qu'elle épaississe légèrement, sans jamais la faire bouillir. Ajoutez, hors du feu, la feuille de gélatine ramollie et essorée et le chocolat en morceaux. Lissez bien au fouet. Disposez la crème dans les verres.

2 Faites tiédir 10 cl de crème. Ajoutez les 3 feuilles de menthe. Retirez du feu et laissez refroidir, puis filtrez la crème. Dans un siphon, versez la crème à la menthe, les sirops et 10 cl de crème liquide. Vissez 1 cartouche. Agitez et laissez reposer au moins 2 heures au réfrigérateur.

3 Agitez le siphon. Décorez les coupes de crème au chocolat avec la mousse à la menthe et des feuilles de menthe.

truc de cuisinier

Utilisez la même casserole pour faire bouillir le mélange lait/crème et pour faire cuire la crème au chocolat, mais prenez soin de la laver entre les deux opérations.

Tiramisu léger, compote de figues fraîches

coût moyen • facile à réaliser • préparation : 20 min • réfrigération : 2 h • cuisson : 10 min • pour 4 personnes

4 verres
1 casserole - 1 saladier
1 siphon de 0,5 l
1 cartouche de gaz

- 12 figues fraîches
- 20 g de beurre
- 1 c. à s. de cassonade
- 6 spéculoos
- cacao amer

Pour le tiramisu :
- 150 g de mascarpone
- 2 jaunes d'œufs
- 1 c. à s. de sirop de canne
- 10 cl de crème liquide
- 1 c. à s. d'amaretto

1 Coupez les figues en 4. Faites compoter les figues et le sucre dans le beurre fondu pendant 10 minutes. Laissez refroidir. Répartissez la compote de figues dans les verres sur 1/3 de la hauteur. Saupoudrez de spéculoos concassés. Réservez au frais.

2 Dans un saladier, mélangez avec un petit fouet les jaunes d'œufs, le sirop de canne, l'amaretto et le mascarpone. Lissez bien le tout, puis incorporez la crème liquide.

3 Dans un siphon, versez cette crème de tiramisu. Vissez 1 cartouche. Agitez et laissez reposer au moins 2 heures au réfrigérateur.

4 Agitez le siphon. Terminez les verres avec la mousse de tiramisu. Saupoudrez de cacao amer. Servez aussitôt.

truc de cuisinier

N'hésitez pas à remplir complètement le verre de mousse de tiramisu, celle-ci est très légère.

Mousse citron au yaourt

coût moyen • facile à réaliser • préparation : 20 min • réfrigération : 2 h • cuisson : 5 min • pour 4 personnes

4 verres
1 casserole - 2 saladiers
1 siphon de 0,5 l
1 cartouche de gaz

- 3 citrons
- 1 c. à s. de fécule de maïs
- 2 œufs
- 120 g de sucre
- 60 g de beurre

Pour la mousse :

- 7 cl de sirop de citron
- 2 yaourts nature
- 10 cl de crème liquide
- 2 feuilles de gélatine
- menthe

1 Versez le jus des 3 citrons et un peu de zeste dans une petite casserole avec la fécule de maïs, les œufs et le sucre. Fouettez, puis ajoutez le beurre en morceaux. Faites cuire cette crème à feu doux, en la remuant constamment à l'aide d'un fouet, jusqu'à ce qu'elle épaississe. Déposez-la dans les verres sur 1/3 de la hauteur. Réservez au frais.

2 Versez le sirop de citron dans un saladier et chauffez-le 20 secondes au four micro-ondes. Faites dissoudre la gélatine ramollie et essorée dans le sirop chaud. Ajoutez les yaourts et la crème. Lissez bien avec un fouet.

3 Dans un siphon, versez cette mousse de citron. Vissez 1 cartouche. Agitez et laissez reposer au moins 2 heures au réfrigérateur.

4 Agitez le siphon. Complétez les verres avec la mousse de citron. Décorez avec quelques feuilles de menthe.

truc de cuisinier

Renforcez le goût des préparations au citron en ajoutant un trait de limoncello, la fameuse liqueur de citron italienne.

Millefeuille à la pistache

coût moyen • un peu difficile à réaliser • préparation : 35 min • réfrigération : 3 h • cuisson : 12 min • pour 4 personnes

1 casserole - 1 tamis
1 plaque à pâtisserie antiadhésive
2 saladiers
1 siphon de 0,5 l
1 cartouche de gaz

- 80 g de sucre
- 40 g d'amandes effilées concassées
- 30 g de farine
- le jus d'1/2 orange
- 30 g de beurre fondu
- 10 cl de coulis de framboises
- quelques pistaches concassées

Pour la mousse :
- 25 cl de lait
- 50 g de sucre
- 2 jaunes d'œufs
- 1 c. à s. rase de farine
- 20 cl de crème liquide
- 30 g de pâte de pistaches

1 Préchauffez le four à 220 °C (th. 7). Mélangez les amandes, le sucre, la farine, le jus d'orange et le beurre fondu. Laissez reposer 1 heure au frais. Sur une plaque à pâtisserie antiadhésive, étalez avec le dos d'une cuillère l'appareil à tuiles de manière à obtenir 8 disques de 8 cm de diamètre. Laissez cuire 5 à 6 minutes. Décollez les disques à la sortie du four. Laissez refroidir.

2 Faites bouillir le lait. Mélangez 2 jaunes d'œufs avec le sucre et la farine. Versez dessus le lait bouillant, mélangez et faites cuire à feu doux jusqu'à épaississement. Laissez tiédir. Ajoutez la pâte de pistaches et la crème liquide bien froide. Lissez avec un fouet et passez au tamis.

3 Dans un siphon, versez cette crème de pistache. Vissez 1 cartouche. Agitez et laissez reposer au moins 3 heures au réfrigérateur.

4 Agitez très fortement le siphon. Déposez 8 tuiles dentelle. Garnissez-les avec la mousse de pistache. Assemblez-les 2 par 2 en millefeuille. Saupoudrez-les de pistaches concassées. Ajoutez, autour, des traits de coulis de framboises.

Tulipes de fraises

coût moyen • un peu difficile à réaliser • préparation : 30 min • réfrigération : 2 h • cuisson : 6 min • pour 4 personnes

1 casserole - 2 saladiers
1 plaque à pâtisserie antiadhésive
4 gros ramequins
1 siphon de 0,5 l
1 cartouche de gaz

- 250 g de fraises
- 4 feuilles de menthe
- 50 g de farine
- 80 g de sucre glace
- 2 c. à s. de lait
- 1 blanc d'œuf
- 30 g de beurre fondu

Pour la mousse :
- 150 g de mascarpone
- 1 jaune d'œuf
- 2 sachets de sucre vanillé
- 10 cl de crème liquide
- 1 c. à c. d'extrait de vanille

1 Mélangez avec un petit fouet le jaune d'œuf, le sucre vanillé et le mascarpone. Lissez bien le tout, puis incorporez la crème liquide. Dans un siphon, versez cette crème de mascarpone. Vissez 1 cartouche. Agitez et laissez reposer au moins 2 heures au réfrigérateur.

2 Mélangez avec un petit fouet la farine avec le sucre glace, le lait, le blanc d'œuf et le beurre fondu. Étalez, à l'aide d'une cuillère, sur une plaque à pâtisserie antiadhésive, 4 disques de 12 cm de diamètre de cet appareil à tulipes. Laissez cuire 6 minutes, jusqu'à une légère coloration, dans un four à 220 °C (th. 7). Moulez immédiatement les tulipes dans 4 gros ramequins. Laissez refroidir.

3 Découpez les fraises en 2 ou en 4, saupoudrez-les éventuellement de sucre. Répartissez les fraises dans les tulipes. Agitez le siphon et ajoutez la mousse de mascarpone. Décorez avec la menthe. Servez aussitôt.

truc de cuisinier

Les disques d'appareil à tulipes durcissent très vite à la sortie du four. N'attendez pas pour les démouler et les appliquer dans les ramequins.

Tatin de mirabelles, macaron et mascarpone

coût moyen • assez facile à réaliser • préparation : 25 min • réfrigération : 2 h • cuisson : 5 mi
repos : 2 h • pour 4 personnes

4 verres - 1 saladier
1 poêle antiadhésive
1 siphon de 0,5 l
1 cartouche de gaz

- 400 g de mirabelles fraîches ou au sirop
- 1 citron
- 40 g de sucre
- 5 cl d'eau-de-vie de mirabelle
- une douzaine de petits macarons colorés

Pour la mousse :
- 150 g de mascarpone
- 1 jaune d'œuf
- 2 sachets de sucre vanillé
- 10 cl de crème liquide

1 Mélangez avec un petit fouet le jaune d'œuf, le sucre vanillé et le mascarpone. Lissez bien le tout, puis incorporez la crème liquide. Dans un siphon, versez cette crème de mascarpone. Vissez 1 cartouche. Agitez et laissez reposer au moins 2 heures au réfrigérateur.

2 Dans une grande poêle antiadhésive, saupoudrez de sucre et pressez quelques gouttes de citron. Laissez doucement caraméliser. Ajoutez les mirabelles et enrobez-les de caramel. Arrosez d'eau-de-vie. Réservez les mirabelles.

3 Coupez les macarons en 4 ou en 6. Émiettez-en 1 ou 2 pour la finition.

4 Répartissez les mirabelles au fond des verres. Ajoutez les morceaux de macarons. Agitez le siphon et terminez avec la mousse de mascarpone. Saupoudrez de miettes de macarons.

truc de cuisinier

Servez les mirabelles tièdes, la couche de macarons permettant de les isoler de la mousse froide au mascarpone.

Pain d'épices perdu, confiture d'abricots et chantilly de coing

bon marché • facile à réaliser • préparation : 20 min • cuisson : 15 min • réfrigération : 1 h • pour 4 personnes

2 saladiers
1 poêle antiadhésive
1 grille - 1 tamis
1 siphon de 0,5 l
1 cartouche de gaz

- 8 tranches de pain d'épices • 2 œufs
- 30 cl de lait
- 1 petit pot de confiture d'abricots
- 2 c. à s. de cassonade
- 20 g de beurre
- 1 c. à s. d'huile

Pour la chantilly :
- 30 cl de crème liquide
- 3 c. à s. de gelée de coing

1 Mélangez dans un saladier la crème liquide et la gelée de coing avec un petit fouet. Passez l'ensemble au tamis. Versez dans un siphon. Vissez 1 cartouche de gaz. Laissez reposer au frais pendant 1 heure.

2 Dans un saladier, fouettez le lait, les œufs et la cassonade. Déposez-y les tranches de pain d'épices et laissez-les s'imbiber. Égouttez-les sur une grille.

3 Faites chauffer l'huile et le beurre dans une poêle. Dorez les tranches de pain d'épices sur chaque face pendant quelques minutes.

4 Répartissez un peu de confiture d'abricots sur le pain perdu encore chaud. Agitez fortement le siphon et dressez des rosaces de chantilly de coing.

truc de cuisinier

Pour une présentation encore plus soignée, détaillez les tranches de pain d'épices avec un emporte-pièce.

Vacherin glacé siphonné

bon marché • facile à réaliser • préparation : 15 min • cuisson : 2 min • réfrigération : 3 h • pour 4 personnes

4 coupes
1 saladier
1 mixeur - 1 tamis
1 siphon de 0,5 l
1 cartouche de gaz

- 4 boules de glace vanille
- 12 petites meringues
- quelques framboises

Pour la mousse :

- 350 g de framboises fraîches ou surgelées
- 3 cuil. à soupe de sucre
- 1 cuil. à soupe de liqueur de framboises (facultatif)
- 2 feuilles de gélatine
- 10 cl de crème liquide

1 Dans un grand volume d'eau, faites ramollir les feuilles de gélatine. Faites bouillir 8 cl d'eau avec le sucre et la liqueur. Ajoutez la gélatine essorée, mélangez.

2 Mixez les framboises dans le bol du mixeur. Ajoutez le sirop et la crème. Mixez de nouveau. Sucrez si nécessaire et passez l'ensemble au tamis. Versez dans un siphon. Vissez 1 cartouche de gaz. Laissez reposer au frais pendant 3 heures.

3 Au moment de servir, disposez dans les coupes la moitié des meringues préalablement cassées en gros morceaux. Ajoutez 1 boule de glace vanille et quelques framboises, puis de nouveau des morceaux de meringues.

4 Agitez bien le siphon et complétez les coupes avec la mousse de framboises.

truc de cuisinier

Si vous utilisez des framboises surgelées pour la mousse, décongelez-les au four micro-ondes sans trop les chauffer et sucrez-les un peu plus.

Gourmandise de mûres

bon marché • assez facile à réaliser • préparation : 25 min • réfrigération : 1 h • cuisson : 25 min • pour 12 cuillères

4 verres - 2 saladiers
1 emporte-pièce rond
1 plaque à pâtisserie
1 siphon de 0,5 l
1 cartouche de gaz

- 250 g de mûres fraîches
- 120 g de farine
- 80 g de beurre
- 40 g de sucre
- 1 sachet de sucre vanillé
- 1/2 sachet de levure chimique (5 g)
- 1 pincée de sel
- 1 jaune d'œuf

Pour la chantilly :
- 20 cl de crème liquide
- 2 c. à s. de gelée de mûre

1 Dans un saladier, déposez le beurre découpé en dés, ajoutez la farine, le sucre, la levure, le sucre vanillé et le sel. Mélangez du bout des doigts. Incorporez le jaune d'œuf et formez une boule. Laissez durcir cette pâte quelques minutes au frais. Étalez la pâte sur 1 cm d'épaisseur, puis détaillez des ronds de 5 cm à l'aide d'un emporte-pièce. Déposez les sablés sur la plaque en les espaçant légèrement. Faites-les cuire au four pendant environ 25 minutes à 150 °C (th. 5).

2 Mélangez avec un petit fouet la crème liquide et la gelée de mûre. Sucrez et passez au tamis si nécessaire. Versez le tout dans un siphon. Vissez 1 cartouche de gaz. Laissez reposer au frais pendant 1 heure.

3 Concassez grossièrement les sablés. Lavez et égouttez soigneusement les mûres. Garnissez les verres avec une couche de sablés concassés, puis une couche de mûres. Agitez le siphon et complétez avec la chantilly de mûres. Décorez avec quelques mûres.

truc de cuisinier

Doublez la recette des sablés bretons, ils sont excellents en accompagnement d'un café.

Index

Mousses salées

Mousses sucrées

Infos mesures

	Farine	Sucre	Liqueur	Fécule	Vin/eau
1 cuil. à café rase = 1 teaspoon (tsp)	5 g	6 g	0,5 cl un trait	5 g	0,5 cl
1 cuil. à soupe rase = 1 tablespoon (TBSP) - ½oz	15 g	20 g	1,5 cl	15 g	1,5 cl